CATALOGUE
DES
DIFFERENS EFFETS CURIEUX
DU SIEUR CRESSENT EBENISTE,
DES PALAIS DE FEU S. A. R.
MONSEIGNEUR
LE DUC D'ORLEANS.

CETTE Vente, dans laquelle il ne sera rien retiré, se fera au plus offrant & dernier Enchérisseur, le 15 Janvier 1749 & jours suivans sans interruption, pour satisfaire les Amateurs, lesdits effets seront exposés depuis le premier Janvier, jusqu'au ~~quinze~~ 23 jour de l'ouverture de ladite Vente, chez ledit Sieur Cressent, Ruë Notre-Dame des Victoires, au coin de la Ruë Joquelet.

Se distribue
A PARIS,
Chez CLAUDE JEAN-BAPTISTE BAUCHE fils, Libraire, Quay des Augustins, près le Pont Saint Michel, à l'Image Sainte Geneviéve.

IL auroit été à souhaiter que ce Catalogue eût été composé par des Personnes expérimentées dans ce genre, & en état par leur stile de faire sentir toute la valeur des choses rares & précieuses qui s'y trouvent.

La difficulté d'en trouver, a forcé le Sieur Cressent à le faire lui-même. Il supplie par cette raison les Curieux de lui passer les fautes qu'ils y remarqueront, son stile ne pouvant être que très-imparfait, ne s'étant jamais appliqué à ce genre d'étude. Il se pique de beaucoup de sentimens, & ne veut tromper personne.

Il avertit les Acquereurs, quels qu'ils soient, auxquels il aura été adjugé quelques Tableaux pour Originaux, que si le véritable Original peut être prouvé ailleurs, le prix de l'Adjudication en sera rendu, c'est ce qui ne s'est jusqu'à présent pratiqué en aucune Vente.

A ij

Le Sieur Creſſent expoſe aujourd'hui au Public une collection aſſez conſidérable de choſes curieuſes, tant en Tableaux & Bronzes, qu'en Ouvrages d'Ebeniſterie, tels que Commodes, Bureaux, Serre-papier, Secrétaires, Bibliotheques, Boëtes à Pendules, Encoignures, &c.

Sa Collection de Tableaux n'eſt faite ni au hazard ni à la hâte, tout y eſt d'un bon choix, non-ſeulement il s'eſt attaché aux Grands Maîtres, mais même parmi ceux-là, il ne s'en eſt tenu qu'aux meilleurs : auſſi s'en trouvera-t-il quelqu'uns de doubles.

Pour ſon Ebeniſterie, tout y eſt recherché, & quoique le choix de ſes Ouvrages ſoit le même que celui de ſes Confreres, l'on peut dire qu'il a pris à tâche de ne rien faire que de très ſolide & mieux approprié que l'on ne le fait communément. Ses Commodes ſont d'un contour extrêmement ſimple, mais noble en même tems.

Les Boëtes à Pendules de différentes grandeurs & façons font furmontés de quelque groupe d'un goût diftingué, les métaux mêmes, les bois écaillés,& le cuivre, tout y eft incrufté plus épais que cela ne fe pratique ordinairement.

Voilà à peu près ce que contient en détail le préfent Catalogue, & ce qui devroit finir cette Préface, mais pour contenter le Public toujours curieux de fçavoir les raifons qui peuvent déterminer un particulier à faire un amas fi confidérable de curiofités, le fieur Creffent s'eft crû obligé d'en rendre compte.

Elevé dans le Deffein & dans la Sculpture fous les yeux d'un Pere auffi connu par fes Ouvrages, que par la beauté de fon Cabinet, fon talent pour les modeles le fit bientôt connoître de ce qu'il y avoit de curieux à Paris, & même de feu S. A. R. M. le Duc d'Orleans, qui pour fe l'attacher, le fit fon Ebenifte.

Approché de plus près de fa perſonne à la vûe des fameux Tableaux dont S. A. R. faiſoit tous les jours de nouvelles acquiſitions, par une heureuſe diſpoſition dans le deſſein, il perça bientôt dans ce genre d'étude, de façon que lorſque MM. de Crozat & de la Chateigneraye préſentoient à S. A. R. quelques Tableaux rares, elle lui faiſoit ſouvent l'honneur de lui demander ce qu'il en penſoit.

Voilà l'origine du goût que le Sieur Creſſent a toujours depuis ce tems fait paroître pour les Tableaux, & ce qui l'a déterminé à la mort de ce Grand Prince, pour ſe ſatisfaire à ramaſſer ce qu'il a pû trouver de beau & de précieux, de ſorte que peu à peu il s'eſt formé un Cabinet aſſez conſidérable, dont il eſpere que les Curieux auront lieu d'être ſatisfaits, & lui feront l'honneur de le venir voir.

CATALOGUE

DES

DIFFERENS EFFETS CURIEUX

DU SIEUR CRESSENT.

Etat des Tableaux qui sont dans la Gallerie à main gauche, suivant l'ordre des Numeros.

N°. 1.
J. Bellin.

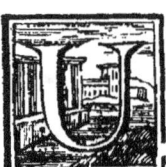

UN Tableau peint sur bois, représentant la Femme adultere. Il a deux pieds neuf pouces six lignes de haut, sur deux pieds trois pouces de large. L'on ne peignoit qu'à fresque dans ce tems-là. Ce Peintre a été un des premiers qui ait peint à l'huile; il est d'autant plus curieux, qu'il est d'un coloris & d'une vivacité de pinceau admirable, Raphaël qui est venu après lui a pris le même coloris. *de J. Bellin.*

N°. 2. *Philippe Napolitain.* Un Paysage représentant un Port de Mer peint sur bois, où l'on voit beaucoup de personnes occupées à des Vaisseaux. Il est des plus galans, & porte 24. pouces de large sur dix-sept de haut. *de l'Eleve de Paul Bril.*

N°. 3. *Parouſſelle*. Un Tableau peint ſur toile, repréſentant une Bataille. Rien n'eſt mieux animé, l'on voit à travers d'une vapeur chaude de mouſqueterie tous les mouvemens des Soldats, ce qui fait aiſément diſtinguer le combat, il a vingt-ſix pouces de large ſur ſeize de haut. *de Parouſſelle le pere.*

N°. 4. *Stalbinſe*. Un Tableau peint ſur toile de ſept pieds trois pouces de large, ſur cinq pieds de haut, les Figures ſont peintes par *Stalbinſe*, & le Payſage par *Savary*. L'on voit un lointain au travers de deux groupes d'arbres ſur le devant, & derriere eſt une Forêt, où l'on apperçoit dans le lointain un Château environné de Rivieres & d'Etangs. L'on voit auſſi une infinité de perſonnes tant à pied qu'à cheval, & beaucoup d'autres dans des voitures qui vont au rendezvous, où ſont plus de 100. chiens pour faire la chaſſe au Cerf: la compoſition en eſt conſidérable, pouvant aller de pair avec les plus beaux. *P. Bril*, étant peint d'un même goût.

N°. 5. Un Tableau peint ſur bois, repréſentant une Vierge aſſiſe, qui tient l'Enfant Jeſus ſur ſes genoux. Il eſt parfaitement bien peint, les couleurs en ſont très-vives & fraîches, il a vingt-neuf pouces de haut ſur dix-neuf de large. *d'Albert Dure.*

N°. 6. *de Boulongne*. Un Tableau ovalle peint ſur bois, repréſentant une Charité, il eſt fait dans le goût du Guide, & ſi bien imité, que M. Mignard a eû le chagrin d'avoir dit, voilà un beau Guide. M. Boulongne qui étoit préſent lui répondit auſſitôt devant toute la Compagnie dans laquelle Monſieur étoit, qu'il venoit de le faire; à quoi
repartit

repartit M. Mignard, faites-donc toujours des Guides. Il a dix-huit pouces de haut fur feize de large. *de M. Boulongne.*

N°. 7. *Vallentin.* Un Tableau peint fur toile, de fept pieds trois pouces de large, fur cinq pieds de haut, compofé de fept Figures grandes comme nature, repréfentant Dalila, occupée à faire couper les cheveux à Samfon, tandis qu'elle le tient endormi fur fes genoux, un Soldat ayant l'épée à la main, prêt à lui percer le cœur au cas qu'il fe réveille. L'on voit la témérité peinte fur le vifage de cette mauvaife créature. *du Vallentin.*

N°. 8. *Teniere.* Un Tableau repréfentant un Payfage, avec des maifons entourées d'arbres & de rivieres. L'on y voit une Cabarretiere fur fa porte, qui tient un pâté à la main, & cinq perfonnes à table. Plus bas, l'on voit une fille à la porte d'une encoignure de maifon, qui écoute deux garçons qui caufent avec une fille, ce qui compofe dix Figures. Il eft de cinq pieds un pouce de large, fur trois pieds fix pouces de haut. *par D. Teniere.*

N°. 9. *Dideric Daalens.* Un très-beau Payfage, dont le lointain eft des mieux repréfenté. Les arbres font faits d'une belle touche, & le Ciel eft très-clair & chaud, il a cinq pieds fix pouces de large, fur quatre pieds deux pouces de haut. *de Dideric Daalens.*

N°. 10. *P. Rubens.* Un Tableau repréfentant un retour de Chaffe, où font repréfentées 7. Figures humaines, *par P. Rubens.* cinq chiens, deux liévres, quelqu'autres gibiers, & plufieurs fortes de Fruits, *par Senefdre*. Ce Tableau est peint sur toile, il porte six pieds six pouces de large, sur quatre pieds cinq pouces de haut.

Ce Tableau qui fut d'abord exécuté en plus grand, les Figures étant peintes avec leurs pieds, ayant été vû de M. Vanouque membre de la Magistrature de la Haye, & qui possédoit un des plus beaux Cabinets du Pays, il pria *Rubens* de lui en faire un semblable, mais en longueur, attendu que la place qu'il lui destinoit ne permettoit pas qu'il fût si haut, ce qui fit que les Figures de celui-ci ne furent peintes que jusqu'aux genoux. Pour ce qui est du premier, il fut vendu à Paris au Roy de Pologne. A l'égard du second, ou si l'on veut de la répétition qui est celui dont il s'agit ici, il n'est point douteux qu'il est de *Rubens*. L'on ne disconvient pas qu'il n'ait d'abord employé un de ses meilleurs Disciples pour avancer l'ouvrage, & ensuite le retoucher lui-même, & le finir, comme ce qu'il a exécuté dans la Gallerie du Luxembourg, parce que *Rubens* a employé d'abord son meilleur Disciple pour commencer l'ouvrage, dira-t-on pour cela qu'il n'est pas de lui, ne suffit-il pas que ce fameux Peintre se reconnoisse à chaque trait de ce grand Ouvrage ? Les Amateurs & Connoisseurs ne pourront disconvenir de la réalité de ce Tableau, lorsqu'en le considérant ils le verront peint avec toute la force, la vigueur dont celui-ci se trouve rempli avec toute la perfection & toute la vivacité que cet homme sans pareil avoit coutume de donner au coloris. Quant à *Senefdre* de qui sont les animaux, les fruits & le gibier, chacun sçait que cet homme si rare qui travailloit de tems en tems pour *Rubens*, & non pour d'autres, ne le faisoit que par l'estime & la considération qu'il avoit pour lui. Il est donc facile de croire, & il est aisé aux non-prévenus & aux connoisseurs de remarquer qu'il s'est attaché à faire de son mieux dans ce Tableau, ce qui en doit faire connoître le mérite & la valeur.

N°. 11. *De la Hire*. Deux Pendans peints sur bois représentant un Mercure & une Femme casqués, de 2. pieds de haut, sur 16. pouces de large. *de la Hire*.

N°. 12. *Raphaël*. Un Tableau représentant une Etude d'une tête de Vierge, grand comme nature, peint sur toile d'Italie. Ce Tableau en grand est chez M. le Duc d'Orleans, de dix-sept pouces de haut, sur seize de large. *de Raphaël*.

N°. 13. Un Tableau peint sur toile, représentant un Paysage avec des Figures & des animaux, de dix-huit pouces de large, sur quatorze de haut. *de Vanboue*.

N°. 14. *La Chuete*. Un Tableau peint sur toile, représentant un Paysage avec de fort-beaux lointains. Il y a une apparition d'un Ange qui avertit S. Jean que la Sainte Vierge est dans le Ciel. *par la Chuete*.

N°. 15. *Scalffe*. Un Tableau peint sur bois, représentant un Jeune homme dans un Cabinet, qui fait la lecture de plusieurs Livres qui sont sur une table devant lui, de dix-huits pouces de haut, sur quinze de large, dans le goût *du Bourdan, ou de Scalffe*.

N°. 16. *Apsau*. Un fort-joli Tableau peint sur bois, représentant une Foire de Village. Il y a bien cent Figures, sans qu'il s'y rencontre de confufion, toutes bien groupées & bien décorées. Il semble qu'elles font faites du meilleur tems de *Teniere*, de la maniere qu'elles font deſſinées, de ſeize pieds ſix lignes de haut, ſur treize ſix lignes de large. Il eſt *de Apſeau*.

N°. 17. *Titien*. Un Tableau peint ſur toile de 36. repréſentant la Madeleine en Pénitence, l'on reconnoît à ce Tableau qu'il n'y a que ces Grands Peintres qui ont pû donner une grace dans leurs coloris. La triſteſſe eſt ſi bien exprimée ſur ſon viſage, qu'il ſemble voir couler les pleurs de ſes yeux. *du Titien*.

N°. 18. *Franciſque Boulonneſe*. Un Tableau peint ſur toile, repréſentant une riviere, où il y a des Figures qui paroiſſent ſortir d'une barque pour ſe raffraîchir au bord du rivage, & plus loin, l'on voit des femmes qui lavent du linge, il porte trois pieds 9. pouces de large ſur 3. pieds de haut, *de Franciſque Boulonneſe*. Ce Payſage & les Figures ſont ſi bien deſſinés, qu'elles ſemble être faites par les mains du Carache ſon Maître.

N°. 19. *Carache*. Une Copie d'Athenes peinte par *Carles Marate*, ou *le Carache* (parce qu'il eſt contredit) de quatre pieds de large, ſur 3. pieds de haut. Ce Tableau eſt ſi bien peint, qu'il peut entrer dans les plus beaux Cabinets, attendu que l'original de Raphaël a quarante pieds de grandeur, qu'il eſt un des plus beaux de ce Grand Peintre, & que tout ce qu'il y a de plus ſçavans hommes ſe ſont fait un plaiſir de le copier.

N°. 20. } Deux Pendans peints ſur toile, où il
N°. 21. } y a à chacun trois Figures Allégoriques très-gracieuſes. Ils portent 4. pieds ſix pou-

ces de haut, fur trois pieds dix pouces de large, ils font parfaitement bien colorés, & faits par un excellent Peintre Italien.

N°. 22. Un Tableau Payfage peint fur toile, de trois pieds dix pouces de large, fur deux pieds dix pouces de haut. *de Francifque.*

N°. 23. Deux Pendans peints en Italie, dans le gout *du Titien*, repréfentans l'Annonciation de la Vierge. Ils portent vingt-trois pouces de haut fur dix-neuf de large.

N°. 24. Deux Tableaux non bordés peints fur toile, l'un repréfente un Officier Mofcovite, & l'autre une Dame. *par Fabricus.*

N°. 25. Un Tableau peint fur toile, repréfentant la Scène des douze Apôtres, de fix pieds fix pouces de large, fur quatre pieds fix pouces de haut. *par Baffan.*

N°. 26. ⎫ Les deux Concerts de *M. de Caze*,
N°. 27. ⎭ faits en 1714, peints fur toile, de trente fols.

Il y a encore tant en Copies qu'en Originaux, quarante-huit Tableaux que l'on n'a pas mis dans le préfent Catalogue, qui feront vendus avec le refte.

Suite des Tableaux qui font expofés dans le petit Cabinet à main gauche.

N°. 28. Deux petits Tableaux peints fur bois, repréfentans des Payfages avec des Figures, de dix pouces de large, fur fept pouces de haut. *par un Peintre Italien.*

N°. 29. *Holbein.* Un Tableau peint fur bois à

deux faces, à la porte du Cabinet, il repréſente un homme avec ſa femme & ſes quatre enfans, & ſur le derriere, il repréſente deux Médecins. Il a trente-deux pouces de haut ſur vingt-deux de large. *de Holbein.*

N°. 30. *De Bouches.* Un Tableau peint ſur toile, repréſentant un Payſage avec des vaches, de 16. pouces de large, ſur douze pouces de haut. *de M. de Bouches.*

N°. 31. *Corneille Duſſart.* Un Tableau peint ſur bois, repréſentant des Buveurs à table, & une femme qui tient en ſa main un pot pour donner à boire à ſon enfant. Il eſt parfaitement bien peint, *par Corneille Duſſart.* Ce Tableau eſt auſſi beau que le meilleur *d'Hoſtade* qui étoit ſon Maître, il a quinze pouces ſix lignes de large, ſur douze pouces de haut.

N°. 32. Un Tableau peint ſur bois, repréſentant l'Ange qui apparoît aux Paſteurs endormis. C'eſt un chef-d'œuvre d'avoir ſi bien repréſenté tant de figures & d'animaux dans une obſcurité, il a ſeize pouces ſix lignes de large, ſur douze pouces de haut. *de Wauwermens.*

N°. 33. Un Tableau peint ſur bois, repréſentant deux Montagnes ſéparées par une riviere, de laquelle le Pont de pierre eſt caſſé. Il ſe trouve un autre Pont de branches dans le Payſage artiſtement conſtruit pour faciliter le paſſage, il eſt de ſeize pouces ſix lignes de large, ſur douze pouces de haut, *de Wauwermens.* Ce Tableau a été gravé.

N°. 34. Un Tableau repréſentant un Corpsde-Garde, où l'on voit plusieurs Soldats bien distingués. Il est peint de la plus grande force, & porte seize pouces de large sur onze pouces de haut, *de Salvator Rose*.

N°. 35. Un Tableau peint sur bois, représentant des Jeunes gens qui jouent à l'amour derriere une ruine. Il est aussi beau qu'un *Jamiel*, de dix-huit pouces de large, sur treize pouces de haut. *par Michel-Ange des Batailles*.

N°. 36. Un Tableau, Copie de *Wauwermens* parfaitement imitée, de douze pouces de large, sur neuf pouces de haut.

N°. 37. Un Tableau peint sur toile, ovale, représentant un très-beau Paysage, de dix-huit pouces de large, sur quinze de haut. Il est du premier tems de *Claude le Lorrain*.

N°. 38. Un Tableau représentant une Sainte Catherine, de la plus grande force de ce Grand Peintre, de quinze pouces de haut, sur douze pouces de large, peint sur toile. *par M. Boulongne*. Il est gravé.

N°. 39. Un Tableau peint sur cuivre, représentant une Circoncision, d'un grand goût, de couleur & de dessein; il a treize pouces de large, sur dix pouces de haut. *peint en Italie*.

N°. 40. Un Tableau peint sur bois, représentant une Cuisine, où est un enfant qui dort auprès d'une jeune fille qui file, & un vieillard auprès d'elle qui la carresse. Il est aussi beau qu'un *Girardeau*, il est de dix-huit pouces de large, sur quinze de haut. *par le Bourdon*.

N°. 41. Un Tableau repréſentant une Tête de Philoſophe qui tient un globe, peint dans le goût de *Rimbran*, de quatorze pouces de haut, ſur onze de large.

N°. 42. Un Tableau peint ſur bois, repréſentant un Homme qui jouë du luth, & qui accompagne une jeune Fille qui jouë de la flutte; il eſt auſſi bien peint que le plus beau Tableau de *Girardeau*, de douze pouces de haut, ſur neuf pouces ſix lignes de large. *par D. Teniere.*

N°. 43. Un Tableau peint ſur cuivre, repréſentant le Jugement de Paris; il a ſeize pouces de large, ſur 11. pouces de haut. *par Rottnhamer.*

N°. 44. Un Tableau peint ſur bois, repréſentant trois jeunes garçons, qui repréſentent les quatre élémens, de douze pouces de haut, ſur neuf pouces de large. *par D. Teniere.*

N°. 45. Un Tableau formant un des plus beaux Payſage, où il y a un arbre auſſi beau que de *Claude le Lorrain*. L'on y voit un lointain d'une vûe des Pays-Bas, il porte vingt-quatre pouces de haut, ſur vingt pouces de large. *par Kereme.*

N°. 46. Un Tableau peint ſur toile, repréſentant une Sainte Famille, de dix-neuf pouces ſix lignes de haut, ſur quinze pouces de large. *de M. le Brun.*

N°. 47. Un Tableau, Payſage, peint ſur bois, où l'on voit un homme à cheval qui conduit pluſieurs animaux, de dix-neuf pouces ſix lignes de large, ſur quinze pouces de haut. *de Berghem.*

N°. 48. Un Tableau peint fur toile, repréfentant une nôce, où il y a vingt-cinq à trente Figures qui danfent à l'entrée d'un Village. Le Payfage eft légérement traité, de treize pouces fix lignes de large, fur onze pouces de haut, *de D. Teniere.*

N°. 49. Un Tableau peint fur cuivre, formant un Payfage, avec trois Figures, de neuf pouces de large fur fept pouces de haut. *de Corneil Poellimbour.*

N°. 50. Un Tableau Payfage peint fur bois, repréfentant une belle ruine, & un très-beau lointain; fur le devant, l'on voit trois Figures & des Vaches, de neuf pouces de large, fur fept pouces de haut, *de Corneil Poellimbour.*

N°. 51. Un fort-beau Tableau, repréfentant un grand Pont fort-large, fous lequel paffe une riviere bordée d'arbriffeaux, l'on y voit quantité de filles qui fe baignent, au nombre de huit; au travers du Pont, il paroît un Payfage lointain, dans lequel on apperçoit des troupeaux. Il a 9. pouces de large, fur 7. pouces fix lignes de haut, *de Corneil Poellimbour.*

N°. 52. Un Tableau peint fur bois, Payfage chaux, comme *Claude le Lorrain.* L'on voit un homme à cheval qui fait paffer des bœufs au travers d'une riviere, de neuf pouces de large, fur 7. pouces de haut. On le croit *de Bertholomée.*

N°. 53. Un très-beau Payfage, où l'Ange apparoît à Tobie ; l'on voit fur le lointain plufieurs

C

vaches, peint sur bois, de dix pouces de large, sur sept pouces cinq lignes de haut. *par Corneil Poellimbour*.

N°. 54. Un Tableau Paysage, où l'on voit une riviere, au bord de laquelle il y a cinq femmes qui se baignent avec deux chiens. Il a sept pouces six lignes de large, sur six pouces quatre lignes de haut. *de Corneil Poellimbour.*

N°. 55. Un Tableau Paysage peint sur toile, du premier tems de *Gaspe*. Il n'est pas des plus fini, il est même douteux, de deux pieds de large, sur 17 pouces six lignes de haut. *de Gaspe.*

N°. 56. Un Tableau peint sur bois, représentant un Savoyard, de sept pouces six lignes de haut, sur six pouces de large. *de Braore.*

N°. 57. Un Tableau Paysage, représentant des ruines sur une montagne; l'on voit deux Figures qui montent en haut, & dans le bas, une riviere où il y a trois Figures, dont une lave du linge, de sept pouces six lignes de haut, sur sept pouces de large. *de Corneil Poellimbour.*

N°. 58. Un Tableau Paysage peint sur bois, représentant deux Montagnes, avec une riviere qui les separent; & au travers de l'eau, l'on voit une piéce de bois, où un Aveugle passe dessus avec son chien, de dix-huit pouces de large, sur pouces de haut. *de Wauwermens.*

N°. 59. Un Tableau Paysage peint sur bois, représentant une ruine bien arbrisée, au-devant de laquelle il y a un homme & deux femmes, il porte sept pouces quatre lignes de large, sur six pouces de haut. *de Corneil Poellimbour.*

N°. 60. Un Tableau Payſage peint ſur bois, repréſentant une ruine, avec une Statue, il y a un portique où il paroît un homme deſſous, de ſix pouces de haut, ſur quatre pouces neuf lignes de large. *de Corneil Poellimbour.*

N°. 61. Un petit Tableau peint ſur cuivre, repréſentant une Braſſerie dans le milieu d'une grande riviere, il eſt auſſi beau qu'un *Brughel de Velour*, de cinq pouces neuf lignes de large, ſur trois pouces huit lignes de haut. *par Peſtreguaiche.*

Suite des Tableaux expoſés dans le Salon en entrant à main droite.

N°. 62. ⎫ Deux Pendans, l'un peint ſur bois
N°. 63. ⎭ *de Rottenhamer*, l'autre ſur cuivre, *de Corneil Poellimbour.* Ils ont chacun quinze pouces de large, ſur onze pouces neuf lignes de haut.

Ces deux Tableaux ont été achetés à la vente de M. le Prince de Carignan. Ce Prince les eſtimoit, comme étant ce qu'il y avoit de plus curieux en l'Art de Peinture, les ayant aſſortis lui-même pour Pendans. Effectivement, ils ſont d'un ſi grand goût, quoique peints de différentes manieres, tous deux ſi bien deſſinés, ſi finis, ſi vivement colorés, que quiconque auroit le choix, de l'un des deux, auroit peine à ſe déterminer. *Le Rottenhamer* repréſente Notre Seigneur ſur le Prétoire, préſenté par Pilate au Peuple de Jeruſalem, ce qui a occaſionné un nombre preſqu'infini de différentes Figures. Dans le *Corneil*

Pœllimbour, l'on y voit Saint Laurent sur le gril dans le Temple de Jupiter; l'on y remarque les Ministres de ce Dieu, qui font tous leurs efforts pour l'exciter, & même pour le contraindre d'adorer cette fausse Divinité. Ces deux Peintres les ont fait à venise.

N°. 64. Un Tableau peint sur bois, représentant une Sainte Famille, portant vingt-un pouces de large, sur seize pouces de haut. *de Léonard de Vinsi*, ou *de son Eleve*.

N°. 65. Un Tableau peint sur toile, grand comme nature, représentant une Femme avec trois Enfans, dont elle fait allaiter les deux garçons par une Chévre, & nourrit la fille de son sein, qui est bien inférieure de grosseur aux deux garçons; il porte cinq pieds de large, sur trois pieds dix pouces de haut : il est peint d'une grande vigueur. *par Kalsiliani*.

N°. 66. ⎫ Deux Paysages, peints sur toile,
N°. 70. ⎭ l'un de *Berghem*, & l'autre *d'Armand d'Italie*, ou *du Romain*, suivant quelques critiques. Ces deux Tableaux ont chacun trois pieds sept pouces de large, sur deux pieds neuf pouces de haut; l'un représente le matin, & l'autre l'après-midi.

Ces deux Tableaux, quoique de deux Maîtres différens, sont d'un tel accord pour leurs dégrés de chaleur, qu'ils paroissent être du même pinceau; il y a apparence que ces deux Peintres les ont exécutés d'accord ensemble, pour satisfaire un Curieux qui les leur avoit ordonnés. Il faut véritablement s'y connoître parfaitement, pour ne point les croire du même Maître, attendu que *Berghem* a changé entierement sa maniere de peindre, de forte que fi fon nom ne fe trouvoit pas à ce tableau, il feroit très-difficile de le reconnoître. Ces deux Pendans font très-curieux, & pleins de vapeurs, comme les *Claude le Lorrain.*

N°. 67. Un Tableau peint fur bois, repréfentant le Mardi Gras qui fe bat contre le Carême, il porte vingt pouces de large, fur quatorze pouces fix lignes de haut, *de Braore.*

Ce Tableau eft des plus finguliers, le fini en eft merveilleux, & d'une touche encore meilleure. Les Figures qui combattent y font animées avec tant d'ardeur, qu'elles femblent s'affommer les unes les autres, ayant chacune leur attribut de Cuifine, viande & poiffon.

N°. 68 Un Tableau Payfage, peint fur bois, repréféntant fix Femmes, un Satyre en fait danfer une au fon de la flute; il porte vingt-fix pouces de large, fur quatorze de haut. *de Corneil Pœllimbour.*

N°. 69. Un Tableau peint fur toile, repréfentant une Marine, de quatre pieds fept pouces de large, fur trois pieds trois pouces fix lignes de haut. *Par Paul Bril.*

Ce Tableau que Madame de Verrue regardoit comme un des plus beaux de fon Cabinet, *d'où il fut tiré après fa mort*, repréfente une Marine, plufieurs batteaux fur le rivage, & quantité de perfonnes travaillans à la conftruction d'un Vaiffeau. Le Ciel y eft des plus charmant, & admirablement bien terminé avec les eaux. Les Montagnes lointaines que *Paul Bril* repréfentoit fi bien, y font fi parfaitement rendues, que l'on ofe dire hardiment qu'il ne manque rien à cet Ouvrage.

N°. 71. Ce Tableau qui porte quatre pieds quatre pouces de large, fur trois pieds huit pouces de haut, eſt peint ſur bois, & repréſente la Famille de *Holbein*, il eſt à table avec ſa femme & ſes trois enfans.

Ce Tableau eſt du meilleur tems de *Holbein*, puiſqu'il revenoit alors d'Angleterre, où il étoit fort conſidéré par les excellens Ouvrages qu'il y faiſoit pour le Roy & pour pluſieurs Seigneurs de cette Cour. La femme de ce Peintre y eſt ſi bien repréſentée, que l'on reconnoît facilement à ſon portrait qu'elle étoit une des plus mauvaiſe femme, il l'avoit épouſée à *Bâle* en 1523, où il fut contraint de l'abandonner, ſans lui faire ſçavoir qu'il paſſoit en Angleterre ſous la protection d'un Seigneur, qui n'ignoroit pas quelle étoit la mauvaiſe humeur de cette créature, qui néanmoins ne ſe trouvoit point entierement abandonnée, puiſqu'on avoit ſoin de lui donner de quoi vivre pendant l'abſence de ſon mari.

Ce fameux Peintre avoit ſon appartement proche celui du Roy. Ce Souverain l'ayant chargé de faire le portrait d'une Dame, un jour qu'il en étoit occupé, & que cette Dame étoit même à nud juſqu'à la ceinture, expoſée dans les attitudes néceſſaires pour qu'on pût bien la repréſenter, ſurvint un baron qui frappa aſſez rudement à la porte de la chambre *d'Holbein*, qui lui en refuſa l'entrée, le Baron en fut ſi piqué, qu'il l'enfonça: notre Peintre en même tems ſe ſaiſiſſant d'un manche à balley qu'il rencontra par hazard, en frappa le Baron, & lui fit ſauter l'eſcalier. L'un & l'autre furent trouver le Roy, l'un y vint plein de fureur tout enſanglanté, & chargé de ſes bleſſures, *Holbein* ayant pris ſon chemin par les couvertures, arriva le premier, prévint le Roy ſur ce qui venoit de ſe paſſer, & ſe retira. Le Baron survenant ensuite, lui demanda raison de l'insulte qu'il venoit de lui être faite, s'oubliant jusqu'à dire, que si Sa Majesté ne lui rendoit justice, qu'il se la feroit lui-même. Je suis extrêmement surpris, lui répondit le Roy, que vous me parliez de la sorte : retirez-vous Baron, & apprenez qu'il me seroit aisé de faire quatre cens Barons en vingt-quatre heures, & qu'en mille ans je ne pourrois pas faire un *Holbein*. Ce Tableau est un des meilleurs de ce Peintre.

N°. 72. Un Tableau peint sur bois, représentant une Dame avec un Bourguemestre à Table, & une Servante qui leur sert la Colation. Dans le fond du Tableau, l'on voit une pareille Colation qui s'étoit faite la veille par les mêmes. Ce Tableau porte vingt pouces de haut, sur dix-huit pouces de large. *de P. Meizue.*

Ce Tableau est assez recommendable pour faire le récit du sujet pourquoi il fut fait.

Il ne manquoit pour la perfection d'un Traité qui fut commencé en 1666. entre l'Angleterre & la Hollande, que la signature d'un Bourguemestre de la premiere distinction, & qui ne la refusoit, que parce qu'il croyoit le Traité préjudiciable aux Etats. Comme cet homme étoit naturellement galand, l'on crût qu'il étoit permis d'user d'adresse, pour obtenir de lui ce que l'on souhaitoit; & pour ce sujet, l'on fit venir une Dame infiniment spirituelle & adroite; qui dès le lendemain de son arrivée, se rencontra comme par hazard dans une promenade, où l'on sçavoit que notre Bourguemestre avoit coutume de se trouver. Sitôt qu'il apperçût cette Dame qui étoit superbement vêtue, il s'informa de ceux qui étoient avec lui, & qui étoient de l'intrigue, si on sçavoit qui elle étoit, on lui dit qu'elle étoit de bonne Famille d'Angleterre, & qu'elle n'avoit fait le voyage que dans le dessein de voir les beautés de la Hollande. Il fut transporté d'une joye secrette, de se voir en état de satisfaire la curiosité de cette Belle ; l'ayant abordé civilement, il s'offrit de lui faire voir ce qu'il y avoit de curieux dans le Pays ; se voyant seul, la Compagnie s'étant retirée, il lui proposa la Collation, qu'elle n'accepta (en s'excusant) qu'à la derniere extrêmité ; comme il lui fit excuse de n'avoir pas pû la faire servir comme elle le méritoit, il l'engagea à revenir le lendemain dans le même lieu. S'y étant tous deux rendus, & comme il ne manquoit rien, tant en bonne chere qu'en excellent vin, elle lui présentoit souvent le Vidrecome à rase bord ; & voyant à sa bonne humeur, & à la vivacité de son ardeur, qu'il étoit tems de lui demander une grace, elle tira un écritoire & un sac de velours qui étoit pendu à sa ceinture, dans lequel étoit le Traité qu'il signa, après quoi elle lui représenta si souvent le Vidrecome, qu'elle vint à bout de l'endormit ; elle le quitta aussitôt, & repartit la même nuit pour s'en retourner chez elle.

Ceci fait tout le sujet de ce Tableau, peint *par Meisue*, qui fit leurs portraits admirablement bien ressemblans.

N°. 73. Un Tableau Paysage, peint sur toile, représentant quatre Soldats qui se reposent sur un rocher, & plus bas un autre Soldat qui boit à une riviere ; il a dix-neuf pouces de haut, sur quinze pouces de large. Il est fait de la bonne touche de *Salvator Rose*.

N°. 74. Un Tableau Paysage, peint sur bois, de quinze pouces trois lignes de large, sur douze
pouces

pouces de haut. Le Maréchal ferrant. *de Wauwermens.*

Ce Tableau eſt compoſé de quatre Cavaliers à cheval, dont un regarde ferrer le ſien, il eſt ſi bien repréſenté, qu'on croit voir la vérité même. Le fer rouge que tient le Maréchal qui le poſe ſur la corne du cheval, fait ſortir une fumée ſi imperceptible, qu'il n'appartient qu'à ce Grand Peintre de faire des vapeurs pareilles. Il y a un groupe de neuf à dix Figures dans le lointain, ce qui compoſe en tout dix-neuf à vingt Figures, quatre Chevaux, trois Poules & deux Chiens. Ce Tableau eſt fait de ſon bon tems.

Nº. 75. Un Tableau peint ſur toile, repréſentant les ſept Œuvres de Miſéricorde. Il a deux pieds neuf pouces de large, ſur deux pieds deux pouces de haut. *de D. Teniere.*

Ce Tableau provient de la Vente de Madame de Gontault, qui en avoit fait un choix des plus beaux dans les plus curieux Cabinets. Son deſſein étoit en ſurvivant à Madame de Verrue, de ſe ſubſtituer à ſa place, & d'acquérir la réputation de la Dame du meilleur goût pour les plus belles Peintures, en quoi elle a parfaitement réuſſi. Il y a dans toutes les attitudes des Figures de ce Tableau, une naïveté, qui fait croire que l'on voit véritablement au naturel le ſujet qu'il repréſente. Il ne ſé trouve preſque point de Tableaux de *D. Teniere*, où les Figures ſoient deſſinées d'auſſi bon goût.

Nº. 76. Un Tableau repréſentant une Deſcente de Croix; il porte environ quatre pieds trois pouces de large, ſur trois pieds deux pouces de haut. *par Baſſan.*

D

N°. 77. Un Tableau peint fur bois, repréfentant une Fille endormie fur une chaife, fes pieds pofés fur une chauffrette, il eft moëlleufement peint ; l'attitude en eft admirable, il porte dix-fept pouces fix lignes de haut, fur quatorze pouces de large. *De An. Dyk.*

N°. 78. Un Tableau peint fur bois, repréfentant Jofeph & Putifard dans fon appartement, il porte feize pouces de haut, fur quatorze pouces de large : à le confidérer article par article, jamais Peintre n'a pouffé la délicateffe du pinceau plus loin, tant par la paffion des Figures fi bien exprimées, que par la richeffe de l'appartement, les Vafes, le Velours, le Point d'Hongrie & le plancher fur lequel eft un chien, le tout au plus naturel. *par Miris le fils.*

N°. 79. Un Tableau peint fur bois, de 26. pouces de haut, fur trente-fix pouces de large, repréfentant un Payfage où eft un Berger gardant fes moutons fur un rocher au bord d'une Riviere, à la pointe d'une Forêt. *par Rubens.*
Ce morceau eft friand, & coloré du plus vif pinceau de ce Peintre. Le tranfparent en eft fi clair, qu'en le confidérant, l'on s'imagine voir au travers de l'eau les herbes & les pierres qui font au fond de cette Riviere. Il fe trouve gravé de trois pouces par le haut, & d'un pouce par le bas moins large que la Peinture, dans laquelle on remarque cette augmentation. On ne fçauroit abfolument décider fi l'augmentation a été peinte par *Rubens*, il fuffira de dire qu'elle fe trouve parfaitement bien d'accord avec le refte du Tableau.

N°. 80. Un Tableau peint fur bois, repréfentant un Peintre qui joue du Violon dans fon Cabinet. Ce Tableau fe trouve encore peint de la même grandeur dans le Cabinet de M. le Duc d'Orleans. Ces deux Tableaux ont été confrontés, il fut décidé que celui de S. A. R. étoit de *Girardeau*, & que celui-ci étoit de *Miris le pere*, d'une touche infiniment plus finie, plus nette, le coloris plus vif & plus léger. Il fe peut faire que celui de *Girardeau* ait plû à un Curieux, qui en aura fait faire un fecond par *Miris*, qui étoit auffi un excellent Peintre.

N°. 81. Un Tableau Payfage, peint fur bois, où l'on voit fur une Montagne le débris d'un vieux Château rempli de petits arbres, l'on voit trois hommes qui y montent. Dans le bas, l'on voit neuf Figures, tant hommes que femmes; il a treize pouces fix lignes de haut, fur onze pouces de large. *de Corneil Pœllimbour*.

N°. 82. Un Tableau peint fur toile, de quatre pieds neuf pouces de large, fur trois pieds fix pouces de haut, repréfentant une Femme qui donne à tetter à un Enfant, & deux autres Enfans qui badinent à fes côtés. *par le Gouarchim*.
Ce Tableau eft peint d'un moëlleux admirable, & d'une fineffe de deffein parfait, avec une harmonie d'un fimple, tel que donnoit ordinairement ce grand Maître à fes plus beaux Tableaux. Le vifage de la femme eft rempli d'une douceur charmante, & d'une grace accomplie, ce qui fait un des plus beaux Tableaux de *Gouarchim*.

N°. 83. } Deux magnifiques Payfages, peints
N°. 87. } fur toile, par *Claude le Lorrain*, dont l'un repréfente une Marine ornée de beaucoup

de Figures, avec un Soleil couchant, & l'autre un Payfage & un Soleil levant, ils portent chacun trente-fix pouces de large, fur ving-fept pouces & demi de haut.

Ces deux morceaux recommandables font du meilleur tems de ce peintre, & très-purs, ce qui n'eft pas ordinaire à ces Tableaux. Ils font chauds & remplis de cette belle vapeur aëriene que le *Claude le Lorrain* feul a fçû rendre avec tout fon naturel. Leur forme eft agréable, & propre à trouver place dans tous les plus beaux Cabinets, n'étant ni trop grands ni trop petits. Jamais Tableaux de ce Maître n'ont été mieux choifies pour être Pendans, puifque l'un repréfente la fraîcheur du matin, & l'autre la chaleur du foir. Il paroît même qu'ils n'ont point été défunis depuis qu'ils ont été faits.

N°. 84. Un Tableau de *Rottenhamer* peint fur toile, où eft repréfenté le Feftin du Dieu Bacchus, de fix pieds cinq pouces de large, fur quatre pieds fix pouces de haut.

Rottenhamer a fait beaucoup de Tableaux; mais en lui rendant juftice, on ne rifque point d'en dire fon fentiment devant le public, en lui annonçant celui-ci comme le plus parfait qu'il ait fait en fa vie: auffi reconnoît-on qu'il l'a fait à Venife en 1600. tems auquel régnoient tous les plus fçavans Peintres de l'Univers. Il eft facile de voir que ce grand Peintre prit un particulier plaifir à fa compofition, c'eft ce que l'on remarque aifément par le deffein, le coloris qui eft encore dans toute fa fraîcheur, une touche libre & aifée, le fond du Payfage avantageux & varié, tant par l'Architecture que par le beau Ciel, qui enfemble fe trouvent d'accord avec l'affemblage de quantité de Figures, au nombre de quarante, & qui font affifes au tour d'une table garnie de mets & fruits convenables à un magnifique feftin. L'on croit qu'il eft inutile de s'étendre plus au long pour faire un détail plus circonftancié de la compofition & des beautés de ce fuperbe Tableau, digne de trouver une des premieres places dans les plus curieux Cabinets, fans en excepter le plus beau. On laiffe le plaifir aux Amateurs d'en voir eux-mêmes la compofition. Une chofe néanmoins eft à remarquer dans ce chef-d'œuvre parfait, qui eft, que fi on confidere une partie par un trou, le refte étant couvert, les Amateurs & les Connoiffeurs même le croiront de *Paul Veronnefe*. Si l'on s'applique à en voir une autre partie plus éloignée, on fe perfuadera qu'il eft *du Titien*: dans un autre endroit *du Carache*, &c. tant l'Auteur a étudié à faire valoir fon mérite & fes talens devant ces grands hommes qui régnoient à Venife de fon tems.

N°. 85. Un Tableau Payfage, peint fur toile, repréfentant des Bohémiennes qui difent la bonne avanture à un Payfan dans des Rochers; il porte trois pieds huit pouces de large, fur deux pieds onze pouces de haut. *de D. Teniere*.

N°. 86. Un Tableau peint fur toile, repréfentant Bethfabée fortant du bain, & David qui la regarde de fon Palais. Il porte quatre pieds neuf pouces de large, fur trois pieds trois pouces de haut, & eft renfermé dans une bordure très-proprement fculptée & dorée. *par le Pouffin*.

N°, 88. Un Tableau Payfage, peint fur bois, où eft repréfentée une Montagne, au-deffus de laquelle l'on voit un débris d'un vieux Château rempli de petits arbres, il paroît trois hommes qui y montent ; dans le bas, l'on voit neuf Figures, tant hommes que femmes : il porte treize pouces six lignes de haut, sur onze pouces de large. *de Corneil Pœllimbour.*

N°. 89. Un Tableau peint sur bois, représentant un Peintre dans son Cabinet qui montre à dessiner à une fille & à un petit garçon, il a onze pouces de haut, sur neuf pouces de large. *de Miris le fils.*

N°. 90. Un Tableau ovalle peint sur toile, représentant le Portrait de *Vandyck*, & gravé par lui-même jusqu'au colet. L'habillement est peint par *M. Rigault*, premier Peintre du Roy, d'où il a été acheté après son décès. Il porte 25. pouces de haut, sur vingt-un pouces de large. *de Vandick.*

N°. 91. Un Tableau Paysage, peint sur toile, de deux pieds six pouces de large, sur deux pieds de haut, représentant deux Montagnes où il y a une maniere d'Etang qui les séparent. L'on y voit des Pécheurs dans des bâteaux, & d'autres qui traînent le filet au bord du rivage, avec des femmes qui lavent du linge. Il se trouve dans ce Tableau environ quarante Figures, tant hommes, que femmes & enfans, d'environ 2 pieds 6 pouces de grandeur. *d'Annibal Carache.*

N°. 92. Un Tableau peint sur bois, de trois pieds neuf pouces de large, sur deux pieds deux pouces six lignes de haut, *de P. Rubens.* Il représente le Combat des Amazones.
Ce Tableau est la premiere composition de *Rubens*, lorsqu'il entreprit de représenter le Com-

bat des Amazones, dans lequel il n'a rien épargné pour faire voir la force de son pinceau. Toutes les Figures, tant d'hommes que de femmes & de chévaux, presque innombrables, quoi qu'en raccourci, y font un effet si surprenant, & y sont peints avec tant d'art, qu'il n'est point de termes assez énergiques pour en faire sentir toutes les beautés : il suffira de dire que c'est un des beaux chefs-d'œuvres de cet excellent homme, qui y a employé son vaste génie pour le rendre parfait. Il y a fait paroître la lumiere & une rondeur d'une façon toute différente de celle des autres Peintres. Les Figures y paroissent comme isolées, & semblent être animées & se mouvoir. Cela même s'y trouve si bien exprimé, qu'en les considérant avec attention, vous croyez vous trouver à ce spectacle, & présent à cette fameuse bataille. Ce Tableau plût si fort lorsqu'il parût, qu'il en fut commandé un grand de dix pieds, pour lequel *Rubens* employa les principaux sujets de celui-ci. Sa grandeur lui donna lieu d'y peindre le Combat sur le Pont, au lieu qu'en celui-ci, il est au bas du Pont, le grand Tableau est gravé, il sera aisé d'en faire la comparaison. Pour ce qui est de celui dont il est question ici, il est digne d'entrer dans les plus superbes Cabinets; il est dans une bordure du plus grand goût, des mieux sculptée & dorée.

N°. 93. Un Tableau sur toile, représentant le Portrait de *Languian*, peint avec une main par lui-même. Il porte trois pieds huit pouces de haut, sur deux pieds neuf pouces de large. La fiereté avec laquelle il est représenté est du meilleur pinceau de ce tems, il étoit Contemporain avec *Vandyck*, chez *Rubens*. de Languian.

N°. 94. Un Tableau peint fur toile. Le Payfage eft pour le moins plus beau qu'un *Gafpe*, tant le Ciel eft admirable, les arbres font très-bien feuillés, les montagnes tiennent beaucoup de *Salvator Rofe*, les Figures en font fort-bien deffinées. Au bas d'une montagne, on voit un Boucher qui conduit un Cheval chargé de peaux d'animaux, au milieu eft une riviere où il y a un batteau rempli de perfonnes qui vont baigner, & au-devant du batteau, deux hommes qui nâgent. Il porte trois pieds de large, fur deux pieds neuf pouces de haut. *de Noquatelly.*

N°. 95. Un Portrait de Femme, repréfentant la mere de *Languian*, peint fur toile, de vingt-quatre. *par Languian.*

N°. 96. Un Tableau peint fur cuivre, repréfentant un Chrift en croix. Il porte neuf pouces neuf lignes de haut, fur fept pouces trois lignes de large. *par Brughel de Velour.*

Etat des Bronzes & autres Curiofités.

N°. 1. Un Groupe de bronze de trois Figures, repréfentant l'enlevement des Sabines. Ce morceau rare dans fon efpece mérite bien qu'on en fafle le recit, comme le plus parfait Ouvrage qui puiffe fe trouver dans le Royaume.

Il eft fort-léger, fondu tout d'une piéce & réparé par *Suffigny*, Sculpteur, Eleve *de Jean de Boulongne*, qui en a fait les modeles pour la plus grande Place de Turin. Il y a eû quatre Groupes faits par les mêmes perfonnes pour mettre dans les quatre coins. L'on trouve ici les trois autres Pendans ; mais ils ne font que contremoulés,

&

& n'ont aucune comparaison de celui dont on parle. Ne pouvant parvenir à en avoir un second, on l'a assorti pour Pendant à l'enlèvement de Proserpine de *M. Girardon*, monté sur des pieds de marqueterie, les bronzes sont dorés d'or moulu.

N°. 2. Deux Groupes de même grandeur que les précédens, représentant l'Enlèvement de Proserpine de *M. Girardon*; le second représente Aquillon qui enleve Borré, montés sur des pieds de marqueterie. Les bronses ne sont mis qu'en couleur.

N°. 3. Un Groupe, représentant Vertume & Pomonne avec un Enfant. *de M. le Lorrain*, très bien fondu & réparé, monté sur un pied de poirier noirci.

N°. 4. Un Endromède sur le haut d'un Rocher, il est trèsbien réparé. Ce bronze provient de *M. Bonnier*, qui lui a rendu toute la justice qui lui est dûe, en le regardant comme le plus beau morceau de son Cabinet, monté sur un pied de bois de poirier noirci. *de M. le Lorrain.*

N°. 5. Une Vierge portant l'Enfant Jésus dans ses bras, de bronze, monté sur un pied de poirier noirci. *de M. Coustou l'aîné.*

N°. 6. Une Ecritoire garnie de son Encrier & poudrier d'argent, montée sur un pied de bois de poirier noirci: Ses Ornemens de bronze, audessus de laquelle il y a un fleuve qui représente le Tibre, parfaitement bien réparé.

N°. 7. Deux Figures Gotiques, l'une représente Minerve, & l'autre une espece de Venus, montées sur des pieds de bois de poirier noirci.

N°. 8. Un Laocon & ses deux Enfans, de vingt pouces de haut, de bronze, monté sur un pied de bois de poirier noirci.

N°. 9. Un Groupe de bronze, représentant deux femmes qui lutent ensemble.

N°. 10. Deux belles Consolles de bronzes en couleur.

N°. 11. Un Buste de bronze, représentant le Portrait de Louis XIV. d'un pied ou environ de hauteur.

N°. 12. Deux Bustes de bronze, l'un représente l'Amérique, & l'autre Flore.

N°. 13. Un Crucifix de bronze, sur une Croix de bois amarante.

N°. 14. Un Soldat casqué qui tire son sabre; il a dix-huit pouces de haut, de bronze.

N°. 15. Une Magnifique Fontaine de Porcelaine de Saze, ornée de cinq Enfans, montés sur une superbe cascade de bronze, dorée d'or moulu.

N°. 16. Un beau vase d'ambre des plus curieux, orné de Bas-Reliefs incrustés dans des cristaux, monté en cuivre. Sa forme & son contour sont d'un dessein des plus parfaits, l'on ose dire avec vérité qu'il n'y a rien de plus rare.

N°. 17. Un Crucifix de buis, les bras tout d'une piéce, monté sur une Croix de bois amarante, fait par *Cressent le fils*, de dix pouces de grandeur.

N°. 18. Un autre Crucifix de buis, les bras tout d'une piéce, monté sur une Croix de bois amarante, de quatorze pouces de grandeur, fait par *Cressent le pere*.

N°. 19. Deux grands pots à œilles de Porcelaine de la Chine, très-propres & bien conservés.

N°. 20. Une Fontaine de Porcelaine du Japon, montée très-richement en argent.

N°. 21. Deux petits Sceaux pour raffraîchir les liqueurs, de Porcelaine du Japon, tous deux garnis en argent,

N°. 22. Un Groupe de deux Figures, & un Chien de Porcelaine de Saxe.

N°. 23. Un Groupe de deux Arlequins, de Porcelaine de Saxe.

N°. 24. Un Cocq & une Poulle avec deux Poulets, faits avec des coquilles très-rares. *de Bertodet.*

N°. 25. Deux belles Autruches faites de Nâcre de Perle & autres Pierres précieuses, sur des beaux pieds, avec des Pierreries & des Insectes. *de Bertodet.*

N°. 26. Deux Poissons de Nâcre de Perle;

avec quelques Pierreries, deux petits Magots sont montés deffus. *de Bertodet.*

N°. 27. Quatre Goblets couverts avec des entrelats de Nâcre de Perle, & autres Pierreries précieuses, & deux autres plus haut de même espece. *de Bertodet.*

N°. 28. Deux Monstres Marins, maniere de Crocodile, faits de Nâcre de Perles, & autres Pierreries précieuses. Il y a trois Figures deffus de la même espece. *de Bertodet.*

N°. 29. Un Dragon de Nâcre de Perles & Pierreries, une petite Figure au-deffus. Il est monté sur un pied d'Agatte, deux Serpens l'entourent. *de Bertodet.*

N°. 30. Deux Oiseaux faits de même espece que ci-deffus.

N°. 31. Trois différens Animaux, sçavoir, un Crocodille sur lequel il y a deffus deux petits Magots. Un Dragon aislé, & une Autruche du même goût que ci-deffus. *de Bertodet.*

N°. 32. Trois différentes especes d'animaux, sçavoir, une Lotte, un Poisson aislé, & une Tortue, le tout de Nâcre de Perles & de Pierreries. *de Bertodet.*

N°. 33. Une espece de Poisson creusé. de Cristal de Roche.

N°. 34. Un Microscope avec son tuyau d'argent.

N°. 35. Une Paire de Bras très-forte à trois branches, & un feu de bronze en couleur.

N°. 36. Une Paire de bras à Peroquet à trois branches, & un feu de bronze en couleur.

N°. 37. Trois magnifiques Pagodes, deux affises, & l'autre de bout, garnies de Perles & Pierreries fines. *de Bertodet.*

N°. 38. Un Enfant affis fur une Terraffe, en bronze.

N°. 39. Un Enfant à genoux fur une Terraffe, en bronze.

Etat des Ouvrages d'Ebenifterie qui ont été faits chez le fieur Creffent & fous fa conduite, & qui peuvent fe placer dans les plus beaux appartemens des perfonnes les plus curieufes

Premierement.

N°. 1. Deux grandes Bibliotheque à trois portes, cintrées par le haut, fuivant le contour de la corniche, & fuivant l'art & le bon goût, enrichies de Pilaftres, ornées de buftes, repréfentant les quatre Parties du Monde & les quatre Saifons, chacune leur guaine avec leurs attributs, ce qui forme quatre Pilaftres à chaque Bibliotheque. Les portes font enrichies d'Ornemens convenables à la magificence de leur compofition, le tout de bronze bien réparés & appliqués fur un bois fatiné du plus beau, leur grandeur eft de fix pieds neuf pouces de large, fur huit pieds de haut. Ils ne font qu'en couleur d'or, attendu la trop grande dépenfe : les perfonnes qui les auront, pourront en toute sûreté les faire dorer d'or moulu, les bronzes étant parfaitement bien réparés.

Nº. 2. Un très-beau Bureau de même bois satiné que ci-dessus avec son Serre-Papiers, dont la Pendule est artistement composée, au corps du Serre-papiers, on y a observé le même ordre qu'aux Bibliotheques, & il est enrichi des plus beaux bronzes convenables au sujet. On les vendra ensemble ou séparément. Il porte 6. pieds 2. pouces de long, sur 3. pieds de large, mises en couleur d'or.

Nº. 3. Une Bibliotheque de bois satiné à deux portes cintrées par la corniche, enrichie d'Ornemens de bronze en couleur d'or du meilleur goût.

Nº. 4. Une autre Bibliotheque pareille à la précédente, dont les portes sont pleines & de même bois satiné, ornée de bronze en couleur d'or, de quatre pieds de large, sur sept pieds neuf pouces de haut.

Nº. 5. Un Bureau de bois amarante, & de bois satiné, enrichi de bronze en couleur d'or, de cinq pieds huit pouces de long, sur deux pieds huit pouces de large.

Nº. 6. Un Bureau & un Serre-Papiers de bois d'amarante & de bois satiné, orné de bronzes les plus distingués, toutes les Figures & Animaux sont aussi en bronze, tant au Bureau qu'au Serre-papiers qui forme sa Pendule. Le sieur Cressent n'a rien épargné à cette piéce pour satisfaire le goût des plus parfaits connoisseurs. Il est composé de dix tiroirs, cependant il n'a que la forme de celui qui n'en a que trois; il se tire par le bout une table à écrire pour un Secrétaire, le tout bien doré d'or moulu, Il porte six pieds deux pouces de long, sur trois pieds six lignes de large.

N°. 7. Deux Commodes d'un contour extraordinaire à toutes celles qui se sont faites jusqu'à présent, avec deux portes par les côtés, enrichies d'Ornemens de Bronzes. Il y a sur le devant deux Enfans qui balancent un Singe, le tout parfaitement bien sizelé; doré d'or moulu, le marbre de Verret du plus beau, elles portent 4. pieds six pouces, les deux tiroirs sont de hauteur.

N°. 8. Deux Commodes de bois de Kayenne satiné, couleur de cerise, garnies de ses ornemens & fleurs de bronze, doré d'or moulu. Ces Pieces sont du mieux dudit Cressent, le marbre de Verret. Elles portent quatre pieds six pouces.

N°. 9. Deux Commodes d'un autre goût que les précédentes, garnies de leurs ornemens de bronzes, dorées d'or moulu, de bois de Kayenne, le marbre de Verret, de quatre pieds six pouces, à deux tiroirs.

N°. 10. Deux Encoignures de bois satiné, ornées de deux arbres de chêne, sur lesquels il y a des Oiseaux qui sont à la poursuite d'un Hibou, le tout de bronze, doré d'or moulu, le marbre de Verret, portant deux pieds.

N°. 11. Deux autres Encoignures plus simples en ornemens de Palmes & de fleurs dorées d'or moulu, leur marbre de Verret, de deux pieds.

N°. 12. Deux Commodes de bois fatiné & d'amarante, leurs ornemens de bronze, dorées d'or moulu, le marbre de Verret, de quatre pieds fix pouces, deux tiroirs de hauteur.

N°. 13. Une Commode de bois de violette, garnie de fes bronzes, dorées d'or moulu, deux portes fur les côtés, d'un contour extraordinaire, fon marbre de Brefche d'Alept.

N°. 14. Deux Encoignures de bois amarante, avec des compartimens de bois fatiné, de bronze à Palme & Fleuve, dorées d'or moulu, le marbre de Verret, de deux pieds.

N°. 15. Deux autres Encoignures plus riches que les précédentes, de bois amarante & bois fatiné, les bronzes repréfentent deux grands chênes des mieux feuillés, fur lefquels il y a un Hybou, & plufieurs Oifeaux autour de lui qui lui font la guerre, de même que les précédentes.

N°. 16. Deux Commodes de bois amarante & bois fatiné, les bronzes font d'un ornement léger & de très-bon goût, doré d'or moulu, le marbre de Brefche d'Alept, de quatre pieds, à deux tiroirs.

N°. 17. Une Commode de bois fatiné, d'une forme quarrée, & par le bas, le contour fe trouve en albalêtre, les deux tiroirs ont des beaux cadres de bronze, les deux pieds ont leur chûte qui repréfente deux efpagnolettes, ce qui fait une piéce des plus riches en bronze; elle n'eft qu'en couleur, le marbre eft de Sicile, des plus magnifiques, il feroit difficile d'en trouver de plus beau, & on ofe dire que l'Agatte n'en peut

efacer

effacer la beauté, elle porte quatre pieds, elle est plaquée.

N°. 18. Une pareille Commode que la précédente, de même bois, du même goût pour les bronzes & la grandeur, à l'exception que le marbre est de Serracolin plaqué.

N°. 19. Une Commode de bois satiné, les ornemens de bronze en sont lestement traités, mise en couleur, le marbre de Brêche d'Alept, de quatre pieds, à deux tiroirs.

N°. 20. Une Commode de bois satiné, les ornemens de bronze sont très-riches, il y a trois têtes de Femmes des plus belles, avec des Cadres, le tout mis en couleur d'or; le marbre de Serracolin plaqué, de trois pieds six pouces, à deux tiroirs.

N°. 21. Une Commode de bois satiné en plein, la garniture de bronze & des plus riche, à Cadre & Figures en couleur d'or; le marbre de Ranse, elle porte quatre pieds six pouces, ou environ.

N°. 22. Un Secrétaire qui représente une Commode, & qui cependant a toute la propriété que l'on puisse souhaiter, il est facile de s'y tromper, ne pouvant s'imaginer que c'est un Secretaire, attendu la véritable figure d'une Commode. Il est de bois amarante, les bronzes en sont magnifiques, dorés d'or moulu, il porte trois pieds deux pouces.

N°. 23. Une magnifique Pendulle de marqueterie, d'écaille, avec des ornemens & figu-

F

res de bronzes du dernier goût, très-bien réparés, plus parfaite que toutes celles que l'on voit dans tous les autres Magasins, l'on y a exercé tout l'Art de la Sculpture & de la Sizelure, le tout doré d'or moulu; le mouvement est à seconde, & sonne les quarts : elle porte cinq pieds neuf pouces de haut, & peut se pendre en l'air, à la hauteur ordinaire des autres.

N°. 24. Une Pendule dont les faces sont de bronze, posés sur un corps de marqueterie avec le pied conforme pour recevoir la Pendulle, doré d'or moulu.

N°. 25. Une magnifique Pendule de bronze, dont la composition est du meilleur goût, il y a sur le haut un Amour qui est assis sur des nuages, il appuye son coude sur un sable. Au-dessous du Cadran, est la figure du Tems, tenant sa faulx, & posé sur le cahos du monde, les pieds sont formés par deux grands arbres, le tout parfaitement bien sizelé, doré d'or moulu, de quatre pieds trois pouces de haut.

N°. 26. Un petit Cabinet d'Ebeine, où il y a des Tableaux de Pierreries les plus précieuses, comme Jaspe sanguin, Gad, Jaspe fleuri, Agatte & autres, artistement incrustées dans toute l'Architecture d'Ebeine, une grande quantité de tiroirs, les bronzes en sont dorés, monté sur un pied de bois doré, de deux pieds huit pouces de haut, sur deux pieds deux pouces de large.

N°. 27. Une Commode de bois violet à deux tiroirs, faite à la Régence, garnie de tous ses ornemens, à cadres sur les tiroirs, des chûtes avec de beaux masques, le tout très-riche en bronze, mises en couleur d'or, le marbre de Sainte Beaume, de quatre pieds deux pouces six lignes.

N°. 28. Une Commode pareille à la précédente, de bois satiné, avec les mêmes ornemens de bronze, le marbre de Serracolin : elle porte quatre pieds deux pouces six lignes.

N°. 29. Deux Encoignures de bois amarante, avec des bandes de bois satiné, les marbres sont de Flandres : ils ont deux pieds.

N°. 30. Une Commode, les ornemens sont de bronze en couleur d'or, le dessus de marbre Vercampan, de trois pieds six pouces de long.

N°. 31. Une Commode de bois satiné, les ornemens de bronze à cadre mis en couleur d'or, le marbre de Sainte Beaume très-beau : elle porte quatre pieds cinq pouces.

N°. 32. Une Commode de bois de Kayenne à trois tiroirs de hauteur, des termes aux chutes & portans, & entrées, de bronze, mis en couleur, le marbre de Gruyote, de quatre pieds un pouce.

N°. 33. Une Commode de bois violet à trois tiroirs de hauteur, dont celui d'en haut est partagé en trois, avec des chutes, ornée de grosses têtes d'Hercule, des cadres sur les tiroirs, ornée de tous ses assessoirs de bronze en couleur d'or, le marbre de Flandres, elle porte quatre pieds cinq pouces de long.

F ij

N°. 34. Une autre Commode de bois violet à trois tiroirs de hauteur, dont celui d'en haut est partagé en trois, l'un desquels est à secret, avec de belles chutes, des Espagnolettes & des Cadres sur les tiroirs, avec tous les ornemens nécessaires de bronze en couleur d'or, le marbre de Flandres : elle porte quatre pieds cinq pouces de long.

N°. 35. Une Commode ronde de bois violet à quatre tiroirs de hauteur, celui d'en haut est partagé en deux, avec ses portans de bronze en couleur d'or, le marbre de Flandres : elle porte quatre pieds.

N°. 36. Une Commode de bois de Palissandre à quatre tiroirs de hauteur, avec huit portans & entrées de bronze en couleur, le marbre de Ranse, de quatre pieds six pouces de long.

N°. 37. Deux Encoignures communes de bois amarante, avec des bandes de bois satiné, le marbre de Flandres, elles portent deux pieds.

N°. 38. Une magnifique Commode de bois de Kayenne & bois satiné, avec ses ornemens de bronze en palmes & fleurs, dorée d'or moulu, le marbre de Verret : elle porte quatre pieds six pouces.

N°. 39. Une Commode de bois satiné, avec des cadres & ornemens de bronze en couleur d'or, le marbre de Sainte Beaume, de quatre pieds quatre pouces, ou environ.

N°. 40. Une Commode de bois de Kayenne,

avec des bronzes légérement traités & d'un très-bon goût, mis en couleur d'or, le marbre de Flandres, & deux tiroirs : elle porte quatre pieds cinq pouces.

N°. 41. Une Commode de bois de Kayenne, avec des chutes & des ornemens fort-riches, de bronze en couleur d'or, le marbre de Flandres.

N°. 42. Une Table de marbre de Portor des plus parfaite : elle porte quatre pieds sept pouces de long, sur deux pieds sept pouces de large.

N°. 43. Une Table à Quadrille pliante, de bois satiné, & le dessus de velours.

N°. 44. Une Pendule de marqueterie d'écaille, avec son pied enrichi de beau bronze, mis en couleur d'or, de quatre pieds six pouces de haut.

N°. 45. Une Pendule de marqueterie, de même que la précédente.

N°. 46. Une Pendule de bois amarante pour mettre sur un Serre-Papiers, avec son mouvement.

N°. 47. Une Pendule à face de bronze, le corps de bois en marqueterie, sa composition représente un Tems volant avec sa faulx, prêt à trancher le fil de la vie à un Enfant qui est dans un Rocher, qui en appercevant le Tems, abandonne son carquois & son arc, l'effroi qui paroît sur le visage de cet enfant, fait un effet des plus singuliers. Les ornemens qui renferment le Cartel, sont d'un goût tout extraordinaire à toutes les autres Pendules, faites par les gens les plus expérimentés en cet Art, pourquoi l'on peut se flatter de l'approbation des Connoisseurs : elle porte trois pieds de haut, & est dorée d'or moulu.

N°. 48. Une Pendule en Cartel, dont la face est de bronze, dorée d'or moulu, sur un fond de marqueterie, au haut de laquelle est une tête d'Apollon couronnée de branches de laurier ; au bas du Cadran, il y a un Enfant qui tient un sable, & montre l'heure du doigt.

N°. 49. Une paire de Bras à deux branches, de bronze, mis en couleur d'or.

APPROBATION.

J'AI lû par ordre de Monseigneur le Chancelier, le Catalogue des differens Effets Curieux du Sieur Cressent Ebeniste, & j'ai crû qu'on pouvoit en permettre l'Impression. A Paris, le 15. Octobre 1748.

MAUNOIR.

www.ingramcontent.com/pod-product-compliance
Lightning Source LLC
Chambersburg PA
CBHW030058230526
45471CB00003B/1141